NOTICE

SUR

SAINT-BARTHÉLEMY-DE-VALS

ET

Les Roches qui dansent

DE DOUÉVAS

PAR

Joseph BORDAS

Membre de la Société d'archéologie et de statistique de la Drôme.

VALENCE

IMPRIMERIE VALENTINOISE. — PLACE ST-JEAN.

—

1895

NOTICE

SUR

SAINT-BARTHÉLEMY-DE-VALS

ET

Les Roches qui dansent

DE DOUÉVAS

PAR

Joseph BORDAS

Membre de la Société d'archéologie et de statistique de la Drôme.

VALENCE
IMPRIMERIE VALENTINOISE. — PLACE ST-JEAN.

—

1895

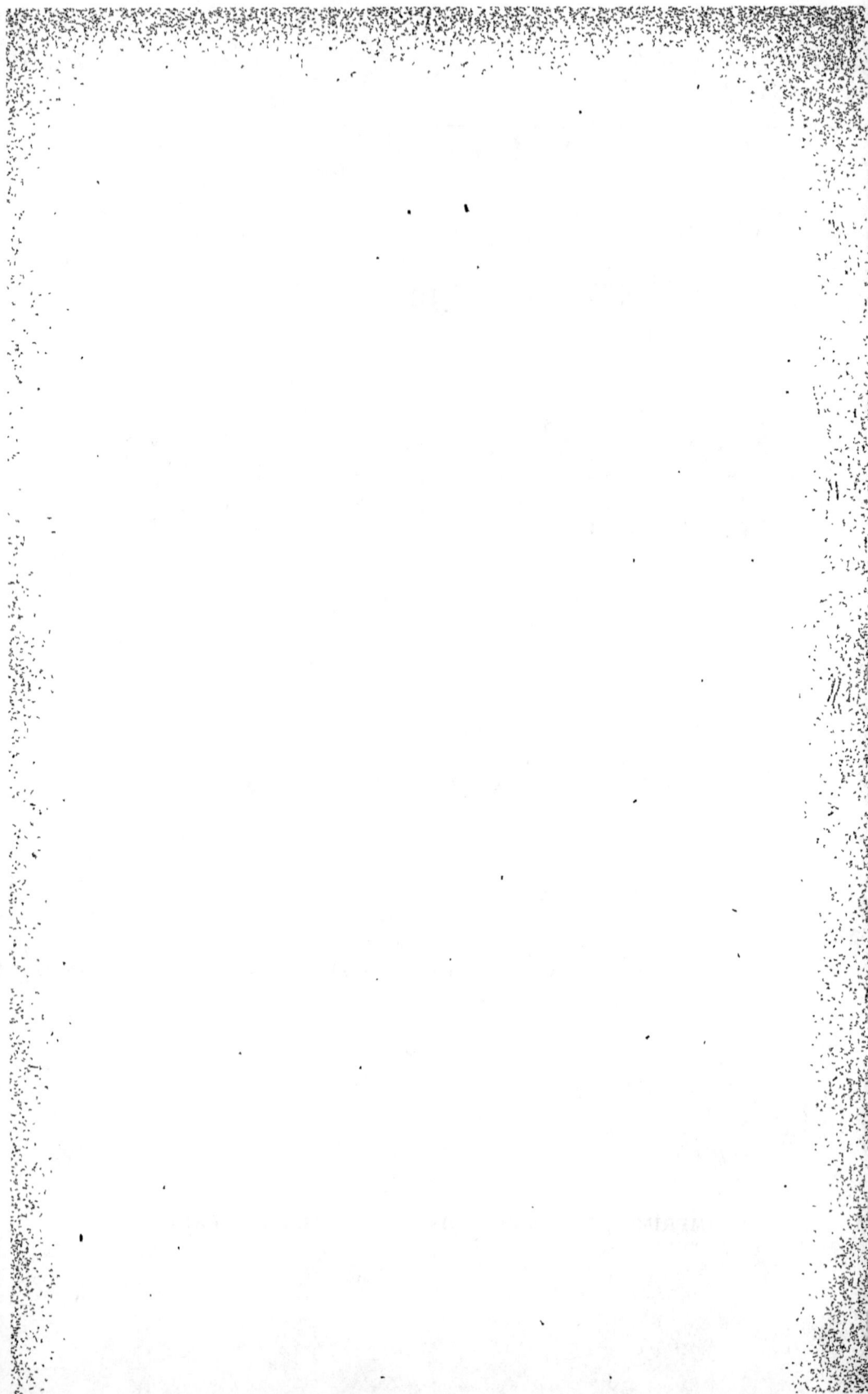

A monsieur H. DULONG DE ROSNAY

Avocat à Lyon.

Des liens d'amitié formés sur les bancs du collège de N.-D. de Mongré, se sont maintenus entre nous, malgré les hasards et les séparations de l'existence.

Aussi ai-je souvent pensé à nos bonnes causeries, tout en monologuant en face des « Roches qui dansent », des ruines, des vieux souvenirs de mon pays.

C'est pourquoi je vous dédie cet opuscule, fruit de recherches laborieuses et qui n'est pas seulement un hommage du modeste archéologue à l'éminent avocat, mais un souvenir d'un ami.

Joseph BORDAS.

St-Martin-d'Août, 4 décembre 1895.

NOTICE

SUR

Saint - Barthelémy - de - Vals

ET

LES ROCHES QUI DANSENT

DE DOUJÉVAS

Le pittoresque village de *St-Barthélemy-de-Vals* est, pour ainsi dire, perdu, au milieu des plantations de peupliers, saules, aulnes, couvrant les bords de la Galaure, dont il n'est éloigné que d'environ deux cents mètres.

Une vaste plaine et de magnifiques prairies arrosées par cette rivière composent le territoire de cette commune, qui compte 1.500 habitants environ.

Elle est bornée : à l'ouest, par les rochers de *Vals*; à l'est, par des collines qui séparent le canton de St-Vallier du canton de Tain et qui atteignent cent soixante à deux cents mètres d'altitude.

C'était, autrefois, une paroisse dépendant d'un prieuré du Puy-en-Velay (Haute-Loire), dont les chanoines réguliers suivaient la règle de Saint-Augustin (1058).

Ils avaient une chapelle, que l'on voit encore, avec de

curieuses sculptures représentant des religieux et des saints,
au quartier de *Marnas*, sur cette même commune, dans le
château qui appartient à M. Fayard, ancien conseiller à la
Cour d'appel de Lyon.

Ce château est situé sur un vieux chemin venant de Romans
et se dirigeant sur la vallée de la Galaure.

En outre, sur un autre point de cette paroisse, dans les
rochers de *Vals*, sur un pic escarpé, on remarque la chapelle
de *Notre Dame de Vals*, qui domine la Galaure et une partie
de la vallée.

Cette chapelle paraît remonter à la fin du XIIIe siècle,
d'après l'architecture de son portail.

L'intérieur de cet antique sanctuaire, restauré depuis quelques années, ne présente rien de bien remarquable, à part
la chàsse de St-Victorius, martyr, qui repose dans cette
chapelle depuis le 15 octobre 1855.

Notre Dame de Vals est un lieu de pèlerinage très fréquenté
du premier mai à la fin septembre, par les habitants de la
contrée et tout spécialement par les habitants de St-Vallier.

Au pied de l'antique chapelle de *Notre-Dame de Vals*,
Louis XI avait fait construire un manoir féodal, dans ces
rochers de la Galaure, afin de se mettre à l'abri des pour-
suites de Charles VII, son père (1456).

Il avait fait, pour cela, creuser une enceinte fortifiée
qu'entourait complétement la Galaure, au milieu d'une
ceinture de rochers.

On croit que Louis XI aurait bâti ce château sur les ruines
d'un vieux couvent; mais aucun document ne l'atteste.

La construction du château de Louis XI est, elle-même,
une tradition locale, mais il est avéré par le *Bulletin* de la
Société d'archéologie de la Drôme (article concernant le châ-
teau et l'église de Bathernay, par M. Anatole de Gallier), que
Louis XI avait séjourné au château de Châteauneuf-de-
Galaure.

Par conséquent, Louis XI pouvait fort bien avoir fait
construire le château de *Vals*, comme il en avait fait élever
tant d'autres dans le Dauphiné.

Sur des ruines du manoir féodal de Louis XI, s'élèvent,
depuis l'année 1880, un nouveau sanctuaire et une maison

destinée à servir d'hôpital tout proche de cette nouvelle chapelle dédiée à St Joseph.

Nous ne saurions oublier l'antique sanctuaire de Sainte Euphémie (1660), placé en face de *Notre-Dame de Vals*, à une des extrémités des rochers élevés couronnant les gorges de la Galaure.

Aux alentours du vieux château de Louis XI et au pied des rochers que domine l'antique chapelle de *Notre-Dame de Vals*, ont été constatés des vestiges romains, des débris de tuiles sarrasines ; quelques fragments de poterie ont été découverts dans le voisinage de la chapelle.

Par la découverte faite, il y a trente à trente-cinq ans, de casques et de lances dans ces rochers, on croit que les Gaulois Allobroges ont soutenu là une dernière lutte contre les Romains, pour leur indépendance.

Ces armes ont été dispersées ou vendues depuis.

Seulement, M. de Montgolfier a fixé, sur une passerelle, non loin de sa fabrique de papiers, une lance romaine, que les curieux peuvent voir en passant, non loin de là, sur la route de St-Vallier.

Il y a peu d'années, un éboulement a fait découvrir des vestiges d'une construction en petit appareil et en fragments de roches taillées provenant du pays.

Cette construction était, sans doute, un reste de murs de soutènement pour un chemin à piétons et à dos de mulets, pratiqué dans ces rochers, allant, dans la direction de Saint-Vallier, rejoindre la grande voie romaine d'Arles à Vienne, qui longeait le Rhône.

Avant de prendre le sentier qui mène à *Notre-Dame de Vals*, on admire le curieux escarpement de Rochetaillée.

Il y a 115 ans, que M. le Comte de Montchenu, seigneur de Châteauneuf-de-Galaure et M. le Comte de La-Tour-Maubourg, seigneur de Lamotte-de-Galaure, firent pratiquer un passage, à travers ces rochers, au moyen du ciseau et du marteau.

Nous nous rappelons avoir entendu, étant enfant, répéter souvent à des « anciens » de St-Vallier et d'ailleurs, qu'en 1789, les révolutionnaires du pays avaient arraché une inscription placée contre la paroi verticale de ROCHETAILLÉE, ainsi conçue :

« RASSURE-TOI, PASSANT, QUI VOIS CES PRÉCIPICES,
MONTCHENU, DONT LE CŒUR HUMAIN
NE VOULAIT PAS QUE TU PÉRISSES,
FORÇA CES HAUTS ROCHERS DE T'OUVRIR UN CHEMIN.
AMI DES ROIS, AMI DES HOMMES,
IL A COMBLÉ DE BIEN LE PAYS OU NOUS SOMMES ;
CELUI QUI PRIT POUR NOUS CE ZÈLE PATERNEL
MÉRITE QU'ON LUI RENDE UN HOMMAGE ÉTERNEL. »

1780

On lit aujourd'hui, sur une plaque de marbre, une tout autre inscription placée en 1863, sur la même parois et, dit-on, à la même place qu'était celle ci-dessus relatée :

GALAURE
23
SEPTEMBRE
1863

Cette inscription rappelle la terrible et désastreuse inondation des eaux de cette rivière, à cette époque.

L'église actuelle de Saint-Barthélemy-de-Vals est toute moderne. Elle s'est embellie par un autel en marbre blanc, de grande dimension, provenant de la chapelle des religieuses de la Nativité de Saint-Vallier. (Chapelle située dans la rue du Fournel et servant depuis le mois de janvier de temple protestant)

Près de l'église de Saint-Barthélemy-de-Vals, on voit des restes d'un ancien clocher remontant au XIIe siècle.

Tout auprès, sur une place plantée d'arbres, se trouve le presbytère avec un jardin plein d'arbustes et de fleurs.

En face, la mairie et les écoles.

Au quartier de DOUÉVAS, dans les coteaux et les ravins qui séparent Saint-Barthélemy-de-Vals de Ponsas, on découvre, au milieu de bois de chênes, d'énormes rochers entassés et affectant les formes les plus diverses: tantôt celles d'aiguilles.

tantôt celles d'autels, celles de pyramides ou de cônes tronqués, et d'autres formes plus ou moins curieuses, ce sont des *dolmens* druidiques désignés dans le pays : ROCHES QUI DANSENT.

Nous empruntons à un article de l'*Echo de Lille* (Nord), du 16 juin 1867, les détails suivants, sur le *dolmen* de Douévas, fournis par M. Albert Caise, auteur estimé de l'*histoire de Saint-Vallier*.

« Un amas bizarre de roches existe au quartier de *Douévas*.

« Les gens du pays les nomment ROCHES QUI DANSENT et la tradition rapporte que ces exubérances du sol ont été produites par les fées.

« M. de Colonjon (1) est d'avis, et l'on ne saurait que se ranger de son côté, que ces roches dressées de main d'homme, sont tout simplement un *cromlech* (2).

« La disposition de ces roches formidables ne permet plus de doute ; voilà une première rangée circulaire de *menhirs* (3) enfermant un second cercle de pierres-fiches.

« Au centre est un dolmen (4) que les outrages des siècles et le vandalisme de générations ignorantes ont bouleversé, pas assez, cependant, pour rendre méconnaissables les caractères auxquels on reconnaît les dolmens.

« Une particularité vient arracher aux incrédules cet aveu que M. de Colonjon ne s'est pas trompé. Je veux parler de signes bizarres incrustés de main d'homme sur plusieurs de ces blocs granitiques ; sur le flanc d'une roche à pic, semblable à une muraille, on observe nettement gravés trois croissants ; nous dirions, en langage héraldique, qu'ils sont adossés et posés *un et deux*.

---

(1) Ancien maire de Saint-Vallier, mort en son château de Colonge, près Saint-Donat, en novembre 1887.

(2) On donne le nom de *cromlech* à des enceintes formées de monolithes disposés sur un plan circulaire ou elliptique.

(3) Les *menhirs* ou *peulvans* sont simplement constitués par une pierre, de forme allongée, plantée verticalement en terre ou simplement posée sur le sol.

(4) Le *dolmen* est une pierre posée horizontalement sur d'autres pierres verticales, de façon à représenter une table plus ou moins large et plus ou moins régulière.

« Nous avons baptisé sur place cette roche du nom de
roche des Croissants. La dénomination sera-t-elle acquise désormais au monolithe ?

« Non loin de là, dans les bois, car le *cromlech* est noyé
presque complètement au milieu d'une forêt de chênes (indice
favorable) se voit une pierre couchée, sur laquelle on distingue l'empreinte du pied de *Gargantua* (une fantaisie d'artiste
gaulois, sans doute). Là encore un dolmen renversé présente
des zigzags caractéristiques du passage des druides ».

Notons enfin deux peulvans admirablement conservés, élevant leurs têtes altières au-dessus des bois et détachant leur
silhouette sur l'azur du ciel et le vert minéral des chênes séculaires.

Il y a cinquante ans, environ, que l'on distinguait, autour
de ces rochers, trois enceintes circulaires de blocs de pierres
molasses taillées, atteignant deux mètres de hauteur sur un
mètre environ de largeur pour chaque pierre.

Une de ces enceintes a été détruite, les deux autres subsistent encore, quoique un peu à l'état de ruines.

Les druidesses et les gaulois de la contrée devaient se réunir, chacun selon son ordre, dans ces enceintes, pour leurs
sacrifices.

La religion druidique, du mot grec *Drus*, chêne, était celle
des populations celtiques qui, antérieurement à la conquête
romaine, occupaient la gaule et la Grande-Bretagne.

L'une des cérémonies les plus importantes du culte druidique était la récolte du *gui de chêne*.

Ils regardaient le gui, à cause de sa verdure perpétuelle,
comme l'emblème de l'immortalité de l'âme.

On le cherchait avec soin dans les forêts, et lorsqu'on l'avait
trouvé, les prêtres se rassemblaient pour aller le cueillir
solennellement.

Cette cérémonie se pratiquait en hiver, époque où cette
plante fleurit et où ses longs rameaux verts enlacés au chêne
dépouillé, présentent, seuls, l'image de la vie, au milieu d'une
nature stérile et morte.

Cette cueillette était faite avec une serpette ou faucille d'or,
par des prêtres et prêtresses druidiques, tous, en longue robe
blanche et ceinture d'or.

Ils invoquaient *Osiris* ou *Isis* (Jésus-Christ et la sainte Vierge) sous des symboles païens, ainsi que le soleil, la lune, les étoiles, etc.... et les démons sous forme d'esprits ou de génies.

Comme le gui de chêne était, aux yeux des gaulois, une panacée universelle, on le mettait dans l'eau et on distribuait cette eau lustrale à ceux qui en désiraient, pour les prémunir ou les guérir de toutes sortes de maux.

Le *Dolmen* de Douévas, que longent les chemins de Saint-Barthélemy-de-Vals à Ponsas et de St-Barthélemy-de-Vals à Chantemerle, est très curieux à visiter, à cause du panorama que l'on embrasse du haut de ces rochers ; de leur site pittoresque et sauvage et des précipices qui l'entourent.

On remarque, à *Villeneuve-de-Vals*, hameau dépendant de cette commune, plusieurs vieilles maisons des XVIe et XVIIe siècles, et une chapelle du XVIIe siècle sur le chemin de Villeneuve-de-Vals à Claveyson.

Nous signalerons, dans la commune de St-Barthélemy-de-Vals, des papeteries, des poteries, une scierie, une fabrique de fonte et des moulins à farine, dont un a son canal alimenté par les eaux de sources dites de la *Font-Barbotte*.

Nous signalerons encore, au point de vue archéologique, le château des *Rochains* et une antique chapelle située au quartier de St-Victor.

St-Barthélemy-de-Vals a vu naître Jean-François Monier, d'abord oratorien, puis directeur intérimaire des colonies et commissaire de police à Paris, auteur du *Chevalier chrétien*, imitation en vers d'un poème du XIIIe siècle.

Cette commune, pour 1979 hectares et 1.571 habitants, a payé, en 1873, pour ses quatre contributions directes, 17.809 francs 59 centimes.

Elle est à 36 kilomètres de Valence, chef-lieu d'arrondissement et à 6 kilomètres de St-Vallier, chef-lieu de canton.

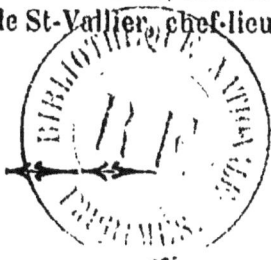

68